Adjectives
&
Nouns

By Wordsearch Master®

Copyright © 2022 WORDSEARCH MASTER® – ALL RIGHTS RESERVED

The content contained within this book may not be reproduced, duplicated, or transmitted without prior written permission from the author or the publisher.
Under no circumstances will any blame or legal responsibility be held against the publisher, or author, for any damages, reparation, or monetary loss due to the information contained within this book either directly or indirectly.

Legal Notice:

This book is copyright protected. This book is only for personal use. You cannot amend, distribute, sell, or use any part, or the content within this book, without the consent of the author or publisher.

Disclaimer Notice:

Please note the information contained within this document is for educational and entertainment purposes only. All effort has been executed to present accurate, up to date, and reliable, complete information. No warranties of any kind are declared or implied. The author is not responsible for any losses, direct or indirect, that are incurred because of the use of the information contained within this book, including, but not limited to, errors, omissions, or inaccuracies.

ISBN 978-1-915094-43-8

Published by IBII in 2022

TABLE OF CONTENTS

Welcome & Rules / 2

Word Searches - Adjectives / 3
    Adjectives of Sound
    Adjectives of Appearance
    Adjectives of Condition
    Adjectives of Feeling
    Adjectives of Taste
    Adjectives of Touch
    Adjectives of Shape
    Adjectives of Size
    Adjectives of Time
    Comparative and Superlative Adjectives – compare differences between two objects they modify
    Attributive Adjectives – placed right before the noun
    Predicative Adjectives – placed after the noun, following a verb
    Positive Adjectives
    Personality Trait Positive Adjectives

Word Searches - Nouns / 24
    Proper Nouns - specific people, places, things etc.
    Common Nouns - general object, place etc.
    Proper & Common Nouns
    Attributive Nouns - a noun that modifies another noun
    Abstract Nouns – immaterial, abstract things
    Concrete Nouns – material objects, things etc.
    Collective Nouns – a noun that refers to a group of things as one
    Compound Nouns – a noun made up of two or more words
    Countable Nouns – can be counted
    Non-Countable Nouns – cannot be counted
    Gender-specific Nouns – refers to only male or only female
    Verbal Nouns – a noun that derived from a verb

Word Searches – Adjectives & Nouns / 49

Revisions / 61

Solutions / 71

Hello and Welcome Future Wordsearch Masters

Ok, let's roll our sleeves up and get stuck right in.

This book is full of exciting word search puzzles that will help you understand and practise Adjectives and Nouns.

In the word search grid, we may hide listed words and phrases horizontally, vertically, diagonally, forward, or backward. Words always form a straight line, with no letters skipped. Words do not overlap, but they can share a letter.

Any spaces or hyphens in the word list are removed, e.g., BREAK UP will be BREAKUP, or WELL-BEING will be WELLBEING in the word search grid.

Circle each word you find in the word search grid and then cross it off your word list.

Example:

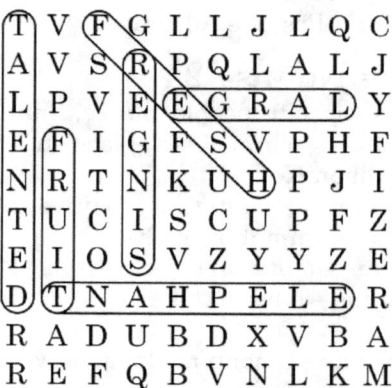

FRESH	FRUIT
TALENTED	SINGER
LARGE	ELEPHANT

After you've completed all the word searches, it's time to put your newfound knowledge to the test by identifying the correct adjectives and nouns.

Pencils ready ...

... and GO!

Adjectives

An adjective is a word that modifies a noun or a pronoun, it is often called 'describing' word.

1)

```
J Z G O U V R O O L Y V
M T H B B O A X P O F V
W E X A A U S F R U X P
P I L A R D P D G D S X
U U L O P S Y O N A S L
R Q Z D D L H S M Y F Z
R J W X B I T N I A F W
I W X F P N C D I O J Y
N D E A F E N I N G N U
G R L I G Y C R E E P Y
P S C R E E C H I N G L
Z H I S S I N G K O M J
X U P H H M Y G D F B J
V A F Z A K R J M F L Z
E R G J X W N M J N A L
```

Adjectives of Sound

HARSH	MELODIC
CREEPY	NOISY
DEAFENING	PURRING
FAINT	QUIET
HISSING	RASPY
LOUD	SCREECHING

2)

```
M V V Z C B L T W R B S
Q A S C G J X Q Z S E P
P I N S H O N P Y U A A
K P K D V H F G N H U R
Z D C J G S E E H A T K
C O L O U R F U L J I L
A T T R A C T I V E F I
E X A F X D H C A D U N
R L O O V V C G D I L G
B P E S H I N Y O S O G
Z D R G D R S M R T G D
M O E G A R E V A I K J
I Y K Y C N A F B N N O
B R I G H T T F L C F R
M U D D Y Z C O E T Z T
```

Adjectives of Appearance

ADORABLE   BEAUTIFUL
COLOURFUL   ELEGANT
DISTINCT   FANCY
BRIGHT   SHINY
ATTRACTIVE   SPARKLING
AVERAGE   MUDDY

3)

```
E E K S F O R C R A Z Y
S X X B Z R E T T E B Z
S L P X E A A R K G U K
F T G E U B L G D R P A
J E I W N Q U V I A S N
K G W U R S F E B L D N
Q J E W E B I G A P E O
N G A U D R T V D R H Y
Q L D X O E U N E O B I
H S V Q M A A W U C E N
A L I V E K E B I H D G
K Z G C D A B W U P F X
B C C E N B F I F S P O
M T I T W L L U T I Y B
D L F Z W E B R A I N Y
```

Adjectives of Condition

ALIVE   MODERN
BREAKABLE   EXPENSIVE
BAD   FRAGILE
BETTER   ANNOYING
BEAUTIFUL   CRAZY
BRAINY   BUSY

4)

```
A T F G W O R R I E D A
T N I I F N J C Q L I R
Q W G R L N I X T B J R
L V Y R E R S O H I L O
C U P N Y D W E B R A G
H R M J Z C X I Y R R A
U G U A A K C V R E F N
M P R E H W N B X T L T
M S G L L X L A O N X P
H I N L U L K P B R V S
R P R S F D E P L C E H
J P U E W T L N A Q E D
W B G T A T C L C C U H
C O N F U S E D K F U B
A L E U P S E T W I U U
```

Adjectives of Feeling

ANGRY	WORRIED
UPSET	TIRED
AWFUL	GRUMPY
BLACK	CRUEL
BORED	TERRIBLE
CONFUSED	ARROGANT

7

5)

```
C C U E T S T R O N G M
F F P R H P L I M Z E B
N R X H W T Z Q O Q D U
N C J O G R E A S Y E S
D U Z S E U R O T T E N
E M T V F O S P I C Y B
L E E R H S E R F I T H
I O E E I N Y U A S L V
C E W T K T M V F A A F
I C S T J X I O B U S P
O X B I U G Q O N G A P
U S M B I V C O U M K D
S Q W D C C G F D S R X
T S Z J Y Y Q A J S J N
G I G T R G M Y Q S R N
```

Adjectives of Taste

BITTER	SOUR
DELICIOUS	NUTRITIOUS
FRESH	ROTTEN
GREASY	SALTY
JUICY	STRONG
SPICY	SWEET

6)

```
B K F B L T K S C S N D
D R F L A K Y T H Q M K
G N E Y D E T T I J Y G
W J G E H U S Q L T H B
M S E R Z B U U L K P S
N Q U V P E D B Y A F Z
D V J P F R E E Z I N G
A H U O D I R T Y J D K
B U M P Y X X K V R E U
F P L D B S O B W I M B
T E H O R Q Q M R W R X
D A M P O W N L G F U P
L F Z D K K H V Q O Z C
O V O D E G A M A D D Y
C I M G N I L I O B P Z
```

Adjectives of Touch

DIRTY DUSTY
BREEZE FREEZING
BROKEN DAMAGED
FLAKY BOILING
CHILLY DAMP
COLD BUMPY

7)

```
D E E P U Z V X N J C F
F C Q I E D I W A L Z P
N L R B R O A D R J H X
S Q A O A T T E R P R P
N T K T U F X V O B G Q
R S R Q Q Y D R W C D P
O P V A S P N U O B Z R
U C Q Z I V V C L Z E I
N T R H A G K D L H V S
D A F O P B H V A G Y O
N H E I O B T T H E F O
S Y X L J K B C S B H Z
H O L L O W E J X T Z V
U W U J Y Z D D K S K H
O U W H A C V V K I X G
```

Adjectives of Shape

BROAD NARROW
SQUARE ROUND
CROOKED SHALLOW
CURVED HOLLOW
DEEP STRAIGHT
FLAT WIDE

8)

```
K G M A M M O T H L M L
J R C Y P C P E G I I U
T E S N E M M I K T N J
L A H W R O B X J T I D
A T O K E O I C T L A Q
S L C V G V G E X E T L
S H N E X D M N A T U R
O P O Z I Q E N O I R M
L C U R N W B E N T E V
O W L E T B L O Y E V F
C G I G A N T I C P I M
V I N Q U W Q N T P S O
U C L X N I E B R A S K
I Q B H A J Z F B B A C
D I F B W I X L L A M S
```

Adjectives of Size

BIG
COLOSSAL
MINIATURE
MASSIVE
PETITE
IMMENSE
SHORT
SMALL
GREAT
LITTLE
MAMMOTH
GIGANTIC

9)

```
R K U Z N I F G M V B T
E B R I E F A J T H R I
D I J F M J S W G O K S
N E Y U W Z T L H N F Q
R A P I D Y B S A P N S
E Y H F D H R E F P E P
D E N O I H S A F D L O
O H M K G U D L A T E E
M K G I K M Q W Q N R A
E D I H C T V M N E B R
R D C B A S F S J I E L
B U J L D Y Q I F C I Y
M R I M O Q N A X N I B
Q U I C K N W L Z A W F
D Z H F H R G N U O Y G
```

Adjectives of Time

ANCIENT	MODERN
BRIEF	YOUNG
EARLY	OLD-FASHIONED
FAST	QUICK
LATE	RAPID
LONG	SHORT

10)

```
T S E T E E W S E H T S
H Y O Q V X T L M S K W
E S X V A Y H A N K N E
B J W A R N E R A F H E
R M R E B A L G H K I T
A N H N E H A E T F V E
V X T O M T R H R U L R
E U Z L G R G Z E Q M T
S E R Q G E E J G D Y H
T V M A G V S P R M C A
T V Q B K A T B A P Z N
V K O D C R C A L M E R
Y S K P A B Z I W E F R
X B E C L C A L M E S T
X B G N M G R I J A D U
```

Adjective	Comparative	Superlative
SWEET	SWEETER THAN	THE SWEETEST
LARGE	LARGER THAN	THE LARGEST
BRAVE	BRAVER THAN	THE BRAVEST
CALM	CALMER	CALMEST

13

11)

```
D L O C M C I U B B T Y
U E A K P G G A E I H Z
T S E F A S E H T S E D
S J W P V V N Q K A C I
E J B E E F A T I F O S
P T K B M R H K E E L L
E S L O U D T F N Q D O
E E J A L D R H X O E U
D D I R W P E F A N S D
E U E X O V D Q L N T E
H O X E L R L A U P H R
T L B W P V O E O T E T
T E Q S M V C K M N U H
A H K H P O V V W F V A
Z T S A F E R T H A N N
```

Adjective	Comparative	Superlative
SAFE	SAFER THAN	THE SAFEST
COLD	COLDER THAN	THE COLDEST
DEEP	DEEPER THAN	THE DEEPEST
LOUD	LOUDER THAN	THE LOUDEST

12)

```
R A T Z N H R L P Y J E
T E S C E M Y S A E V A
T S E G N U O Y E H T S
L S T F I H U K O Z X I
Y X A Y U Q N B H P N E
Z A E Q L N G Z O H E R
K F R F V K N R S T O T
B Y G K K Y A Y C B C H
T H E F U N N I E S T A
P K H G R E A T S V O N
Q U T F F C O A V W K D
F U N N I E R T H A N X
Y O U N G E R T H A N F
G R E A T E R T H A N J
T H E E A S I E S T E M
```

Adjective	Comparative	Superlative
EASY	EASIER THAN	THE EASIEST
FUNNY	FUNNIER THAN	THE FUNNIEST
GREAT	GREATER THAN	THE GREATEST
YOUNG	YOUNGER THAN	THE YOUNGEST

13)

```
L V Q J K A J Z N L W R
F A B N Q Z F O F I O B
O J T N I Y O M D Y R D
Z T A E V S Y P O U S T
T H E K I N D E S T E H
D R I E R T H A N K T E
T K V G W K E D A I H D
S H I R G H H U H N A R
E X E N A Z D F T D N I
T T Q W D L D A R E L E
A M W W O B A D E R N S
L S Q J J R O B T T L T
E K T Z L Q S J A H G V
H C R H R G Z T L A T W
T Q Y I D L T J T N Z O
```

Adjective	Comparative	Superlative
KIND	KINDER THAN	THE KINDEST
BAD	WORSE THAN	THE WORST
LATE	LATER THAN	THE LATEST
DRY	DRIER THAN	THE DRIEST

14)

```
Z T T M T W B E W Z L R
L H H O A B I W X W U I
X E E R A L U P O P C C
T M R E C O Z T B L K H
H O I P B E X B O H I E
E S C O Z K V U Q N E R
L T H P U S V U S K R T
U P E U Y N M F A U T H
C O S L Y K B O P X H A
K P T A F V C R Q I A N
I U T R L S B U R H N U
E L E T S E W O L E H T
S A L H C I R E Q K O N
T R F A A D K D L H W A
K Y A N A H T R E W O L
```

Adjective	Comparative	Superlative
RICH	RICHER THAN	THE RICHEST
LOW	LOWER THAN	THE LOWEST
LUCKY	LUCKIER THAN	THE LUCKIEST
POPULAR	MORE POPULAR THAN	THE MOST POPULAR

15)

```
T T T S E D D A S E H T
H B S K L A R E T T I B
E Y E M B S Q U R S O G
L M R I X M S G A E B C
A G E G X F T T N G I S
Z M T G Z F R L G N T T
I A T K Y Z A L E A T E
E D I S C H N F R R E W
S M B G H U G K T T R W
T Y V X N C E V H S E J
V I T C Z I Y F A E R Y
G Q W T D C I Q N H U E
B G U Z P K J V N T K C
L A Z I E R T H A N R I
S A D D E R T H A N Y Q
```

Adjective	Comparative	Superlative
SAD	SADDER THAN	THE SADDEST
BITTER	BITTERER	BITTEREST
STRANGE	STRANGER THAN	THE STRANGEST
LAZY	LAZIER THAN	THE LAZIEST

16)

```
T C N A H T R E K A E W
H H A I L H N O N A T Q
E E H H K E W Q A I E G
W A T V M W E E H B N W
E P R W U I P G T U H W
T E E Z Z D M F R T J I
T R D P G E R A E K K D
E T I C Q S B J T Y A E
S H W U H T V S T T S S
T A L B F E X T E H C Q
V N T S E K A E W E H T
Q A L O B N X P X U J R
T H E C H E A P E S T F
K B N A D Y T U K B N H
G A E N L W Z P K P U Q
```

Adjective	Comparative	Superlative
WEAK	WEAKER THAN	THE WEAKEST
WET	WETTER THAN	THE WETTEST
WIDE	WIDER THAN	THE WIDEST
CHEAP	CHEAPER THAN	THE CHEAPEST

17)

```
Q Z C H N D L K N G E C
Y Z L H Q R R Z K I X K
D E T N E C S Q T N P I
D A P V C E H Y M G E A
G A M O S B R H L E N F
Y L D D U C X F V R S T
B M F J X F D O U A I V
T R O P I C A L U L V F
H E N O G R E A S Y E Z
S R B E L L A V C S Z Z
B F Z Q R G Y F A T Y O
B U R G Y X D K L R F M
U E U E J E C P U D B S
J T O Z S N J X D D X J
W O S M J H C H E E K Y
```

Attributive Adjectives – find the words in **BOLD**

a **GREASY** pan　　　　　a **CUDDLY** toy
SOUR lemon　　　　　a **BRAVE** soldier
CHEERFUL story　　　　**FRESH** sandwich
a **GINGER** cat　　　　　**CHEEKY** monkey
a **GLOOMY** weather　　　a **TROPICAL** fish
an **EXPENSIVE** dinner　　a **SCENTED** candle

18)

```
G V P F R R S Z B P Q M
M B P R J K Z Q F E H Z
K H K A I N O Q W M F U
H D D G H A D V M B C R
O Z Y R C Z T C U T S Q
Z P F A H H H K D L O H
G I Y N E E E L D K T D
H R C T U L A E Y G D Y
S H I N Y S N L F K C F
I W U I C L W J T U U L
X D J W I F O E F H L F
C W S Z P U L V E A Y Q
P R X K S S S H F T S H
A D O R A B L E W P U T
D P M Z Z O Z U Z K A N
```

Predicative Adjectives – find the words in **BOLD**

Grandpa was **OLD**
Diamond looks **SHINY**
Peter seems **CHEERFUL**
Spanish oranges taste **SWEET**
My wellies are **MUDDY**
You look **HEALTHY**

Elephants are **SLOW**
Perfumes smell **FRAGRANT**
Cheetahs run **FAST**
Jamaican food is **SPICY**
Puppies are **ADORABLE**
Melon tastes **JUICY**

19)

```
B B G U A L D M H L E W
A R F R I E N D L Y N C
U E I U E G O G E L E R
N M I G S F L D T R A
P U C Z H M U X I T G Z
V O D N D T N E P E E N
T V L K X W N V L S T C
E N E I A U Y I O U I B
F H E J T T I T M O C R
S X B G N E K A A R C X
D D E N I M R E T E D H
H B F K L L S R I N B G
E D Y N A M I C C E R B
K V D H P Z A D B G T F
A F F E C T I O N A T E
```

Positive Adjectives

AFFECTIONATE DIPLOMATIC
DETERMINED DYNAMIC
DILIGENT ENERGETIC
BRIGHT FRIENDLY
POLITE FUNNY
CREATIVE GENEROUS

20)

```
T N E I C I F O R P O C
M H B C A G Q H M B Z O
M B O R A P J Q B S J U
P Z F U A P V R A M A R
C Z O E G V A W C O C A
X M M K A H E B V H O G
M G J L M R T Z L Z N E
S G N I V O L F Q E S O
Z I K D A M H E U F I U
S E N S I B L E S L D S
J A O A A D Q T Q S E Z
P A S S I O N A T E R K
O P D Z L U F H T I A F
O P T I M I S T I C T V
T F C F O I S A T K E C
```

Personality Trait Positive Adjectives

BRAVE
CAPABLE
CONSIDERATE
COURAGEOUS
FAITHFUL
FEARLESS

LOVING
PASSIONATE
PROFICIENT
SENSIBLE
THOUGHTFUL
OPTIMISTIC

Nouns

A noun is a word that describes a person, place, thing, or idea

21)

```
B K N M R Z M E Z H V B
M C U A F F I D R A C I
J A Q N W Z F I O D K R
D G J C A F L N Q Q R M
F K P H D H A B T C I I
U F L E J O K U D Y I N
F Y F S K B Y R Z X D G
S E Q T T A J G Q D H H
T S D E F G S H Q D W A
A W U R G L A S G O W M
F U B L I V E R P O O L
F D L E I F F E H S Y Z
O U I A B E R D E E N S
R Y N L O N D O N X H D
D O X F O R D K S L U I
```

Proper Nouns

LONDON	CARDIFF
LIVERPOOL	ABERDEEN
SHEFFIELD	STAFFORD
BIRMINGHAM	GLASGOW
EDINBURGH	DUBLIN
MANCHESTER	OXFORD

22)

```
F S W E I I M B L R L S
Y I E G M S N L O I O Y
E E M D F R F A N V C M
K L B I G H Q C D E H F
Q T L R P S L K O R N D
X S E B Y D X P N T E T
O A Y R H N J O E H S G
D C S E L A W O Y A S A
N R T W Z L S L E M X F
A O A O N T D B B E M C
L S D T Z O B E I S I P
G D I W J C I A G C X E
N N U J O S N C B A C S
E I M Q A N O H E B K P
Z W Y R U Y S R N F U N
```

Proper Nouns

WALES	SCOTLAND
WINDSOR CASTLE	ENGLAND
RIVER THAMES	BLACKPOOL BEACH
SNOWDON	LONDON EYE
LOCH NESS	TOWER BRIDGE
WEMBLEY STADIUM	BIG BEN

23)

```
C J I I C P Q D Y R P G
B O B J K R U L E R K Z
F R M Y S V O O T M S J
T O I P I T W O A A T K
C T N D U P J H L A T C
L C W R G T I C O I E A
T O H Q H E E S C J L G
R D R S R L F R O H E W
T L Q Y J T H X H H V Y
X O F D O T U B C J I W
T O A A M E N I C C S B
N H G S M K Z C C B I J
P C J B T R K H H M O K
E S C O T E S U O H N A
K C N D C M R H X U X P
```

Common Nouns

KETTLE	DOCTOR
TOASTER	SCHOOL
COMPUTER	CINEMA
TELEVISION	BRIDGE
SCHOOL	RULER
CHOCOLATE	HOUSE

24)

```
K C F M I B Z D Z C V G
V C A R E M A C K O E M
U C D S W L X F L N G K
Z W Y R T N U O C T E N
X A R D O L J Z A I T M
A V O D X A E O F N A J
W Y T E N A L P N E B K
U F C L A P T O P N L B
F D A E R B B X R T E W
G L F X L Z F Q U D S Y
Z L O B U I L D I N G X
V C Y W L Z Z F W X S V
O L M N E H C T I K L T
S Z B Q R R C T P O V X
H F K G J L B S I W T B
```

Common Nouns

PLANET VEGETABLES
BUILDING COUNTRY
CASTLE CONTINENT
LAPTOP FACTORY
FLOWER KITCHEN
CAMERA BREAD

25)

```
J E L I B O M J P Q L V
Q I X Y I H S M C I S E
C H O C O L A T E I G O
A C I K T K M I X X T R
G N U S M A S U N H P Y
M U E R F H C C A C L Z
E R M Z C P H S S H A B
L C J U K L O I G Q Z E
C O C S N D C B Q J V L
D O N M E R C E D E S G
B G U D A P D D C B D I
X U H N O X P C F J N U
O R E O T N Y V A C S M
C Z Q D Y R J Y V R B W
P H M G M G Y L F Q I J
```

Common Noun	Proper Noun
CITY	LONDON
CAR	MERCEDES
COUNTRY	BELGIUM
CHOCOLATE	CRUNCHIE
BISCUIT	OREO
MOBILE	SAMSUNG

26)

```
H T P V O S P Z W U H O
N B L P G X M Y F Y P I
H P A O N H F B S Z Y J
B P N O A N O O K L Y O
Z U E V T G S U R R I H
T A T X G Q V N E D X B
S M T A P A M S G R Z A
N E B Z Q Z V K N I R D
M Y T I S R E V I N U A
W U O P T A K G S O M X
K A T Y P E R R Y N O M
V Z U T Z Q J E T A N M
V Y L E U U Z D M C T R
S E P T E M B E R A H I
U O Z X Q Q A A X E C Y
```

Common Noun
DRINK
SINGER
MONTH
PLANET
UNIVERSITY
CAMERA

Proper Noun
TANGO
KATY PERRY
SEPTEMBER
PLUTO
OXFORD
CANON

27)

```
R P O X Y G E N T B D L
R A C V W B Y O O R C H
D T P Y A O Z L M G M E
T I C L N X J F A P Q W
K O S T E A K E T I W V
D G L P N G O T O P F U
N I O W O I A W L N E B
Q Z A Y T I S R D O P P
N L G M S K B H D T L I
I M L Z O K A S Q E E F
D Q M V L N P F K K N O
D D W A Y C D U N D M P
O L C F R M E T A L P R
P A P E R P Y Q B Y J L
Y C H I C K E N A P V U
```

Attributive Nouns – find the words in **BOLD**

DIAMOND RING
CAR DOOR
OXYGEN TANK
TOMATO SOUP
STONE WALL
CHICKEN SALAD

STEAK KNIFE
METAL BRIDGE
TEFLON PAN
PAPER TOWEL
PATIO WINDOW
GARDEN TABLE

28)

```
G C T L Z M U V H W O Z
N H Q I E Z C Y B S C R
H U J D O L L A R B E Z
X R E M M U S D A E A T
A C C M C H V H Z A N L
V H J O B W I T O C I V
I T G V E V L R K H A Q
R T N A C M F I P H T V
L G T L R S I B L F N P
D D I O E D M V A K U B
E E U K C M E B S F O B
V X C W A L L N T O M R
V L S K N I W Z I Q B S
P Q I X W M D E C S Q Q
Z P B G Q P D Z Z E C U
```

Attributive Nouns – find the words in **BOLD**

MOUNTAIN RANGE
OCEAN FLOOR
DOLLAR SIGN
CHURCH BELLS
BISCUIT BASE
SUMMER NIGHT

GARDEN HOSE
WALL LIGHT
PLASTIC CUP
DECK CHAIR
BEACH TOWEL
BIRTHDAY PARTY

29)

```
F R I E N D S H I P X H
R K A H Y F E I L E B O
A H I X G N R H D R F W
P S Y N X D V E D Z A M
P A H T D F B Y E A W F
E H P T H N B Y J D I M
T A B W F M E B N N O K
I G H Y F H W S A E Z M
T J U S T I C E S R S E
E K H S C W Q W J T T I
A N F A I L U R E Y A E
Y I L A U G H T E R L O
Q V C D V L M X Y U E Z
G E N E R O S I T Y N V
P I G P B W N C Q K T D
```

Abstract Nouns

JUSTICE	FREEDOM
KINDNESS	GENEROSITY
LAUGHTER	FRIENDSHIP
FAILURE	RHYTHM
TREND	APPETITE
BELIEF	TALENT

30)

```
X A G D P F J H C S N W
T E E A H L F O H L I M
P R N I I S O R I E R V
E O E S L A O R L E V S
G X R I O W I O D P G I
Q W A Z S A P R H Q X D
G T T C O R A T O S E E
S I I A P E T N O O H A
P J O P H N I V D V V D
E O N T Y E E M K R O V
E P W W S S N E P M N Z
D U B Z L S C D R E A M
X C Z G S A E G K W H M
M K M C O N F U S I O N
H A P P I N E S S I F E
```

Abstract Nouns

CHILDHOOD PATIENCE
CONFUSION SLEEP
PHILOSOPHY AWARENESS
GENERATION IDEA
HAPPINESS HORROR
SPEED DREAM

31)

```
R X F P Y Z Y C E T O N
E A O T E K C U B R N E
D V D T K O H R Q U O C
N R P I N X Y Z D C T K
E W D C O X H P J K H L
L N Z R D P E N C I L A
B L U Y T F M S R X J C
G Y Y H P R P A X T T E
Y T X S E V A E L C V C
U A G U H Y D I N F P P
P G V R Q M D F N H I C
T N X B F N H H S Q A O
A M B U L A N C E P N F
U I Z V K M L J Y F O S
T J Z J E H G P T M U I
```

Concrete Nouns

BLENDER BRUSH
BUCKET TRUCK
AMBULANCE RADIO
DONKEY PENCIL
TRAIN PIANO
LEAVES NECKLACE

32)

```
U A J L P I O I R S L Q
H N G O H K R Q L Y R L
Z X K J O N A B L Z R S
R O J G N P O P C O R N
G C X A E L P P A M S Z
M U I D A T S L V A B C
R U O G S H A M P O O A
J V S E H T O L C J P R
G P I T B M A Z A H Q P
G M Z S E L D O O N P E
G M O T O R C Y C L E T
L H E A R T W R F E P S
A Y G S A E W I S T M R
S Q Q B L C G H U B Y L
S L I E J B M U C I F F
```

Concrete Nouns

STADIUM	MOTORCYCLE
NOODLES	CLOTHES
POPCORN	CARPET
GLASS	APPLE
PHONE	HEART
GADGETS	SHAMPOO

33)

```
P B H E P S T H R V J X
K A E C W A R M Y P U U
V N S S T E E L F B X V
L D V W Z E I D E U K H
M I Q C T A E H B N C P
I M B S X A O U K C A P
T F F R R O U N D H T P
Q G J O A J F R M J S T
T O Z O O R X G H K S C
S H T E M F Y A A U A H
C G Y C M A C C T O L I
G A L A X Y R P Y I C W
U N D I C H N A I D N I
N E B E E Q S I C R N P
W B O U E O W R T A J K
```

Collective Nouns – find the words in **BOLD**

a **STACK** of wood
a **PACK** of cards
FLEET of cars
ROUND of drinks
a **PAIR** of shoes
a **GALAXY** of stars

a **LIBRARY** of books
a **BUNCH** of keys
a **BAND** of musicians
an **ARMY** of soldiers
a **PANEL** of judges
a **CLASS** of pupils

37

34)

```
S C S X N F L T O R R B
T O O S M O W D Z J S D
A L M X D R E H Z U H E
F O B V F E U S B U H X
F N X G V S F O E U X N
Z Y O F L T S J M R N M
T G T J Z Z B Y P A I J
Y O S R J X B Z A N E T
K L E P A Z A X E G E T
D O H Y F P S B R E A M
U H C S L Y K Q O D V G
F T H L O I E Y V W H F
W N F G C K T Z N Z L U
V A W S K M J H Q K H Y
P D X K T V O Q U S I C
```

*Collective Nouns – find the words in **BOLD***

a **FLOCK** of birds
a **HERD** of cattle
a **RANGE** of mountains
A **BOWL** of rice
a **CHEST** of drawers
a **FOREST** of trees

TEAM of players
STAFF of employees
a **COLONY** of gulls
a **PARTY** of friends
a **BASKET** of fruit
an **ANTHOLOGY** of poems

35)

```
W L B O W O N W H N B F
S A U E M W J C A A O O
M O T N C G Z C I T Y M
I D F E C Z L S R O F B
D O F T R H U U C K R M
L O Y N W B T R U Y I I
L F G Q U A O I T C E L
A A H E S Q R T M K N K
B E D R O O M E T E D M
W S X U C R P S Y L R A
O S U N F L O W E R E N
N G R E E N H O U S E A
S O G W D V I L B Y R C
T E X T B O O K Y D M X
O V Q E A L I P I B V U
```

Compound Nouns

- TEXTBOOK
- SNOWBALL
- SEAFOOD
- SUNFLOWER
- WATER BOTTLE
- HAIRCUT
- GREENHOUSE
- LUNCHTIME
- BOYFRIEND
- MILKMAN
- BEDROOM
- SOFTWARE

36)

```
S U R F B O A R D U E D
B S G K G F R L L N B R
A W Y G N C S O W D R Y
T I H L Y Y W O H E E C
H M O Q F W G P G R A L
R S M R X E D G S W K E
O U E L A K R N A O F A
O I W D O A A I L R A N
M T O V R U O M F L S I
X H R G U Q B M L D T N
I Q K E U H K I T S H G
E P K F D T C W Y V J H
N U Y H O R A S Z G E N
F O O T B A L L W U R K
V P S E K E B Z Z S L N
```

Compound Nouns

FIRE-FLY   SWIMSUIT
FOOTBALL   DRY-CLEANING
BLACKBOARD   SURFBOARD
BREAKFAST   HOMEWORK
UNDERWORLD   BATHROOM
SWIMMING POOL   EARTHQUAKE

37)

```
F P B W F O H Q K Q C W
R R E G N I F M T U E K
P W I Y X C E Y U X Z Q
E I L E E R U T C I P V
D N B X N N Q D P Y T S
B D H J S D G J R Y Z S
Y O M C V M E I F E U T
A W H L C B G I N O A R
L Y A O V Z A V U E P M
W D N W S L L S O H R R
N K I U A P L U E O O A
D C M Q J X I H D T D P
E V A R J N V T Q E U Y
T O L Y E Y C J A L C G
B O T T L E K T R L T C
```

Countable nouns

ANIMAL   ENGINE
PICTURE   FRIEND
BOTTLE   FINGER
VILLAGE   PRODUCT
WINDOW   HOSPITAL
DREAM   HOTEL

38)

```
I Q V L S Y B W G L E U
H H W W O H E Q A P K U
L I B R A R Y F R V M B
M N P W E F Z P D X P F
M E B W S M S S E R D R
Q N E J A N C X N Z O I
E I B T N E T L P L U E
W Z N E I L A T Y Q A N
L A L E Z N H N Z U L D
R G J R H J G A N L L L
D A Z T M A C H I N E A
T M R S S P B P Y L R V
S T O W N Q N E U B B B
B A Y B B F J L T O M I
F P H U O A D E I U U W
```

Countable Nouns

MAGAZINE
MEETING
GARDEN
STREET
MACHINE
LIBRARY

TENT
ELEPHANT
FRIEND
TOWN
DRESS
UMBRELLA

39)

```
S R V L H T J I E E R T
S U C C H J A M F O O D
B U G X T Q O S R R D F
W U K A I M K V B I L K
T D V W R U O L F C A L
A K K M O X D M A E O Q
A E M B T Y E E H B X O
X W R H X E Q A R S O Y
Z B T F O C A T I G R R
S Y R K T H W K R P J M
P A K V R E T Z M N E S
D O L X A E G K M P R Y
L H I T I S N Q X P K Y
W N M C N E V W A T E R
W G B H G Y D F C G R K
```

Non-Countable nouns

MILK CHEESE
RAIN TEA
SUGAR MEAT
JAM FLOUR
SALT WATER
RICE FOOD

40)

```
G L F I F X F M U U R L
G O L D C L C L W I B C
S H G N Z F Y M O N E Y
P Y Q P G J F X U O V U
D G K F Q W O T L T O S
E R U T I N R U F T L T
Q O S A L T R D T O K Y
F U S R J A Z P N C E E
K N A B X O M H R S Y V
L D R V S M B I G L H P
N E G A G G U L S W Y C
Q U C Y P C T K G T A J
K O B I Q W C S U A T I
H O G L U C K R O W S Q
C O R A Z J I G H K C P
```

Non-Countable nouns

JUICE	MIST
FURNITURE	GOLD
GRASS	WORK
MONEY	LUGGAGE
LUCK	GROUND
LOVE	COTTON

41)

```
G A E S S B F G Y M Z Q
Q C M R I H R B X U D U
W T C J S T U O R S B E
I O G U T N E S T I S E
F R A I E K U D B H D N
E K O C R M E J Q A E E
E D M D T Z G D D T N R
E F U J B R G N I K H D
J V I R A M E R C V F T
Z A X V K Z U S O G V M
T H Z C C Q O I S O C O
T U Q A B S D N J D M C
I G K Z G G H I E K N O
O O B W F P K Y U T R A
D U C H E S S F J W U S
```

Gender-specific nouns

ACTOR	ACTRESS
BROTHER	SISTER
HUSBAND	WIFE
KING	QUEEN
DUKE	DUCHESS
GROOM	BRIDE

42)

```
Q Y O V B L K V G X Z H
B U U N Q H C T I W W C
F V D I C O T A O E Q M
H N D E S S E R T I A W
C O I C G T L T Z V I E
M W S E X E C N I R P H
W X A T B S A U N T D P
G Q A H W S N Q X C Q E
O E N H W A U Y H C V N
W I Z A R D I Q A P A V
U N Q J X G E T T Z L Y
A M G Q M L E V E F V I
A P B Z O U F L C R R P
F N A A N E J U N C L E
J P R I N C E S S L O W
```

Gender-specific nouns

NEPHEW	NIECE
WAITER	WAITRESS
WIZARD	WITCH
UNCLE	AUNT
HOST	HOSTESS
PRINCE	PRINCESS

43)

```
R H C Z O B E Y E E N R
E T F X K U B C G J Z V
P U D K C I C A L I J P
E E C N A L B M E S E R
T R N O T D Y K E R Y U
I N O I T I S O P M I F
T O O T A N F N M Z F J
I I A A B G B X Y F S Z
O S R E D E C I S I O N
N S R R D R A W I N G K
T U I C A C T I O N Y M
W C V Z Y C W O P N Z T
I S A B G D I B U U I H
D I L F T Z K K K J Z O
O D Q R E M O V A L F F
```

Verbal nouns

BUILDING
ARRIVAL
REPETITION
DECISION
ATTACK
DRAWING

IMPOSITION
DISCUSSION
RESEMBLANCE
REMOVAL
CREATION
ACTION

44)

```
C B A E F E I L E B P A
T O U D Y S L T O O R C
Z V M R D E B M I R O H
D A Y P I I B Z W E T I
Y C V H L A T V X D E E
T V P M D E L I I O C V
Z C T K Y Y X H O M T E
C L A R I T Y I E N I M
T J Q F A X E V T R O E
C O N F U S I O N Y N N
E A C C E P T A N C E T
D I S T R A C T I O N J
K G Q R W J M C U R Y Y
N S C O L L E C T I O N
V C J P S B Z T V C O M
```

Verbal nouns

DISTRACTION   ADDITION
PROTECTION   BOREDOM
ACCEPTANCE   BURIAL
ACHIEVEMENT   CLARITY
COLLECTION   COMPLEXITY
CONFUSION   BELIEF

Adjectives & Nouns

45)

```
D E T E R M I N E D K D
D Q P K W D N B Q I O G
I C W F P M A P T W X X
B S U Q E O I R E V V F
L R I I P F R P L R G V
I H I B L U S H I N G W
G O D G U G G O P E E D
H X D H H V K H T R N R
T B M O J T N H Q K E K
M X O U W A H J A H R E
R C K S X W Y H U T G B
Z N A E L C L X O Q E X
D B R I D E E G Y J T P
K W J W R J N Q U V I C
S T U D E N T N A E C O
```

Adjective	Noun
BLUSHING	BRIDE
BRIGHT	LIGHT
CLEAN	HOUSE
DEEP	OCEAN
DETERMINED	STUDENT
ENERGETIC	DOG

46)

```
X F X R K Q F P I Y D E
O V T Y P C S R Q Y E X
B B C Y P D S P E D P C
E T W R H D E D M S N I
F L U T T E R I N G H T
I E L N V N T F L A T E
B M N U I E I Z U B Q D
R U E O C T A F T G M K
E R T C U H W O R Y C V
Q T T T C G I G B U L P
B W I K E I I L F Q I K
Q V K M V R B H D A Y T
L V X C U F F P E N P N
L N O R S F H L O F Z U
F R I E N D L Y Y H L A
```

Adjective
EXCITED
FLAT
FLUTTERING
FRESH
FRIENDLY
FRIGHTENED

Noun
CHILD
COUNTRY
BUTTERFLY
FRUIT
WAITRESS
KITTEN

47)

```
Z R S Y L S B B A B Q Z
Q Z N V A F B O P F R M
K D F G I N P M O Y Y L
M T V G L L P E W K C V
Q E G T E Z Z Z Y C L S
W L A A C N G P T U E U
J O K L O S N X E L H O
J O S U O I R O L G Q I
W S U B R E A K F A S T
C Y N N U F G S V V E I
J B S H J N R R T A B R
Z S H T S F W V E A A T
M C I T N A G I G A R U
N L N C N F G U R Q S N
K V E A I R C R A F T Y
```

Adjective	Noun
FUNNY	BOOK
GIGANTIC	AIRCRAFT
GLORIOUS	SUNSHINE
GREASY	BREAKFAST
LUCKY	STAR
NUTRITIOUS	MEAL

48)

```
U B U H S O M L V T S O
U V Z U P B K F P R H K
M R B A G E E Y A O A N
M N O W Y D I J R U K G
Y Y L K C I R P E S Y E
S C W F C E V V N E H M
N D I M E N G K T R L T
X N O V M T N X R S V U
C A C T U S I G I Z X Z
Q H L M T W K T P S C N
H O G F Y R L F E Z G E
L E L U L L R V G P C Z
D D U O R P Y V R B B P
Q W O G N A M S I F P Z
O H O G F K P G S T O L
```

Adjective	Noun
OBEDIENT	DOG
PETITE	TROUSERS
PRICKLY	CACTUS
PROUD	PARENT
RIPE	MANGO
SHAKY	HAND

49)

```
J M G J S O G E V X Z Q
D O U M P C G Y T I H G
B Y R O H C M C E R D R
E L M Y V Z G Z E F I F
V U Z U S A H L G L F P
O F T H I C K B G F K B
Z S U O R U T N E V D A
T S B U S I N E S S Z F
N E I G H B O U R C J R
I C Y S U V N L E K H I
A C O U T T C Z N Y W E
P U E B M R A F N Z I N
W S V G U M O A I V N D
S X D C G T Y N D L D L
Y H Z C W K A L G J I Y
```

Adjective	Noun
SUCCESSFUL	BUSINESS
THICK	PAINT
YUMMY	DINNER
STRONG	WIND
FRIENDLY	NEIGHBOUR
ADVENTUROUS	TRIP

50)

```
A M G W G N Z B B V H Z
W M N W A N N O Y E D H
P K I L Y X S P T V E S
C H L A E V D A L I T A
L B L G B A U C H S A B
L W A X X L E I A S T R
E U P A D Q E D M E I U
R I P L K B L I U R G P
Y U A E V D B C S G A T
T A D R W T A T E G Y I
D X P T K F R T D A V B
Z D N N S U O I X N A A
T N V Q B K D Z T U F R
Q Y M Z R L A R D Y O A
A P P R E H E N S I V E
```

Adjectives that start with 'A'

ABRUPT
ACIDIC
ADORABLE
AGGRESSIVE
AGITATED
ALERT
AMIABLE
AMUSED
ANNOYED
ANXIOUS
APPALLING
APPREHENSIVE

51)

```
E C N A T P E C C A K H
Y L P M R M S W I J Y Y
L M R P S G S W D J C H
M I S N R H E D E R U L
G K N Q S J R N C I T W
U J S I O E D D T X T E
A M V Q D V D Q S I T C
F A C A P L A C U E N N
R P A A L T I T U D E A
I R A G S E S D M F M L
C I B W I E Z Z M A E U
A C B I A L L S Y A E B
F O C D A R I H Y I R M
P T Q H R Z D T Z H G A
A M A T E U R I Y D A B
```

Nouns that start with 'A'

ACCEPTANCE ALTITUDE
ADDRESS AMATEUR
AFRICA AMBULANCE
AGILITY APRICOT
AGREEMENT ARGENTINA
ALPACA AWARD

52)

```
Q N J B F D G Y H H C F
R I R G R Z J B P K S L
Y L D N E I R F Z H L E
H U M I S F U N N Y M X
T F Y R H L G P L H A I
O H Q E I M F D J D S B
R T W T M D O Z K X X L
F I F T J N O K P Y O E
E A E U J A L C E A X D
S F M L A J I W Z C B Z
E W I F A X S X O F W H
B O N P O X H V Z M T V
G H I F R A N T I C J Y
I G N I T A R T S U R F
F O E F U Z Z Y E M T D
```

Adjectives that start with 'F'

FAITHFUL
FEMININE
FLEXIBLE
FLUTTERING
FOOLISH
FRANTIC

FRESH
FRIENDLY
FROTHY
FRUSTRATING
FUNNY
FUZZY

53)

```
H W X M L S H J I L K B
O K F Q N A A N Q N E K
F A C T P O D O S V J N
F F J O G Q F I Y F V K
A A X R L Z O T D H E W
M I Z T L F F A T H E R
I L W F A G E D W S C J
L U Q J B X G N I I N I
Y R F S T X Y U W F A Z
E E A F O L L O W E R U
V R C Q O Z V F D C F I
R U E Y F B C L S D Y Z
E G H E K H O P I O C P
Z I C Q H H Z C D D W K
D F C N R R I U V P F T
```

Nouns that start with 'F'

FACE
FACT
FAILURE
FAMILY
FATHER
FIGURE

FISH
FLOCK
FOLLOWER
FOOTBALL
FOUNDATION
FRANCE

54)

```
U X L O S U O P M O P P
P E T I T E C Q M K E L
Y Q I N N D D D G S R A
N I K Q A M A L P B F I
K B A I S G W A J J E N
P H N N A B M Q G E C E
P O I S E D U O R P T L
P V F U L P A N I C K Y
N R B O P D L F D V I T
W Z I I Z B G L J P K T
M M T C T O Y E A H X E
Z F W E K G D F F O Z P
E V Q R X L O B S I O M
V A G P Q T Y S Y C L Y
C Y P E R P L E X E D L
```

Adjectives that start with 'P'

PANICKY	PLEASANT
PERFECT	POISED
PERPLEXED	POMPOUS
PETITE	PRECIOUS
PETTY	PRICKLY
PLAIN	PROUD

55)

```
N K R F P E O L C V V O
U N Y L L R A E P S I S
S S G V A Z Z I P N K U
F Y I T Y G Z L H G V N
B V G K E P Y R A M I D
C O D D R K W P I S L E
H P E T E R C I Z L E P
S X G N L Y P O D V N V
K H N A R L J X P C O H
P Q D L P Y J A M A S D
I S R P P L A T F O R M
A U L N N D Z R L V E C
N F V E O V M M L H P H
O M I U A Z U J F S V A
M Z F L Z P A R I S L B
```

Nouns that start with 'P'

PLANT   PYRAMID
PLAYER   PETER
PLATFORM   PIANO
PIZZA   PARIS
POCKET   PEARL
PYJAMAS   PERSON

56) ## Find and circle ten abstract nouns

LUXURY	TOASTER
PLANE	BRAVERY
DOCTOR	GARAGE
FACTORY	SUCCESS
HOSPITAL	SHAMPOO
AFFECTION	TUNNEL
DEDICATION	ABILITY
BOTTLE	TRUCK
TISSUE	REALITY
LOVE	FRIDGE
ELEPHANT	FREEDOM
WISDOM	ONION
DOOR	PLANT

Find and circle ten non-countable nouns
57)

BOAT	STOOL
EGGS	FLOUR
HONEY	WINDOW
APPLE	SALT
BUTTER	CHAPTER
VILLAGE	CHEESE
GRASS	CAPTAIN
WOMAN	BRIDGE
FURNITURE	ELECTION
COMPUTER	HANDLE
RICE	BANANA
GAME	FINGER
WATER	MUSIC

58) Find and circle ten verbal nouns

PHILOSOPHY	NECKLACE
REQUIREMENT	CHILDHOOD
PIANO	ACTION
REMOVAL	SCALE
SANDWICH	TABLE
BASKET	BUILDING
DECISION	CAR
SIGN	PROTECTION
PATTERN	WINDOW
ACHIEVEMENT	MAGAZINE
ACCEPTANCE	CANDLE
BOOK	ATTRACTION
COLLECTION	TREE

59) Find and circle ten compound nouns

TEXTBOOK	SCHOOL
CHAIR	GREENHOUSE
SOFA	BAG
SUNFLOWER	PARK
SWING	SWIMSUIT
ARMCHAIR	JACUZZI
CHOCOLATE	COAT
CINEMA	SOFTWARE
BREAKFAST	PENCIL
CASE	CLOCK
MILKMAN	SEAFOOD
GRASS	RHINO
HOMEWORK	SCISSORS

Do you know which common noun belongs to which group of proper nouns?

60)

common noun	proper nouns	
month	Mount Everest	Mount Kilimanjaro
	Snowdon	Mont Blanc
building	Italy	Norway
	France	Belgium
car	Jennifer Lopez	Justin Bieber
	Ed Sheeran	Katy Perry
athlete	Galaxy	Snickers
	Maltesers	KitKat
singer	Tetley	Starbucks
	PG Tips	Nescafé
social media	Saturn	Uranus
	Jupiter	Neptune
planet	July	November
	February	September
mountain	Twitter	TikTok
	Facebook	Instagram
country	Maria Sharapova	Serena Williams
	Cristiano Ronaldo	Roger Federer
chocolate	Mazda	Vauxhall
	Tesla	Toyota
beverage	Westminster Abbey	Colosseum
	Sydney Opera House	Taj Mahal

Do you know which common noun belongs to which group of proper nouns?

61)

common noun   *proper nouns*

city

Nokia	Motorola
Samsung	Sony

brand

kiwi	pear
pineapple	melon

game

Paris	Birmingham
Berlin	Prague

band

Mississippi	Thames
Nile	Amazon

horoscope

Nike	Adidas
Puma	Reebok

mobile

Pepsi	Coca-Cola
Fanta	Sprite

fruit

horse	camel
elephant	lion

toy

Snow Patrol	Girls Aloud
Spice Girls	Take That

drink

Virgo	Scorpio
Gemini	Libra

animal

Minecraft	Spyro
Super Mario	Roblox

river

Barbie	Playmobil
Power Ranger	Rubik's Cube

Find the opposite adjectives between the two columns

62)

SAFE	BAD
TOP	WEAK
STRONG	SWEET
POOR	LATE
DARK	DANGEROUS
SOFT	SAD
BITTER	SICK
HAPPY	WEALTHY
THIN	WHITE
HEALTHY	BOTTOM
EARLY	LIGHT
GOOD	HARD
BLACK	THICK

Find and circle 10 adjectives of taste

63)

JUICY	CHARMING
GENTLE	DIFFICULT
POWERFUL	SPICY
CREAMY	STRANGE
COLOURFUL	MISTY
FISHY	BITTER
SHORT	ENERGETIC
PICKLED	GUILTY
RAW	WINDY
COMPLETE	MINTY
RELAXING	MODERN
BUTTERY	STRONG
CHEESY	SHINY

Find and circle 10 positive adjectives

64)

GREEDY	JEALOUS
AMAZING	CHARMING
RUDE	CARELESS
SELFISH	REMARKABLE
FABULOUS	FUSSY
ARROGANT	AGGRESSIVE
INCREDIBLE	CRUEL
BOSSY	AWESOME
BRILLIANT	GRUMPY
IMMATURE	SPECTACULAR
DECEITFUL	IMPATIENT
AFFECTIONATE	LOVELY
MOODY	AGITATED

Fill in the blanks

65)

Adjective	Comparative	Superlative
BRAVE	_____	THE BRAVEST
KIND	KINDER THAN	_____
_____	SWEETER THAN	THE SWEETEST
BITTER	BITTERER	_____
_____	WORSE THAN	THE WORST
_____	DARKER THAN	THE DARKEST
SILLY	_____	THE SILLIEST
BLUE	BLUER	_____
CHEAP	_____	THE CHEAPEST
SOON	_____	THE SOONEST
HOT	HOTTER THAN	_____
_____	YOUNGER THAN	THE YOUNGEST
EASY	EASIER THAN	_____
FUNNY	_____	THE FUNNIEST
_____	GREATER THAN	THE GREATEST
HUNGRY	HUNGRIER THAN	_____
STRANGE	_____	THE STRANGEST
_____	WEAKER THAN	THE WEAKEST
WET	_____	THE WETTEST
RICH	RICHER THAN	_____
_____	LOWER THAN	THE LOWEST

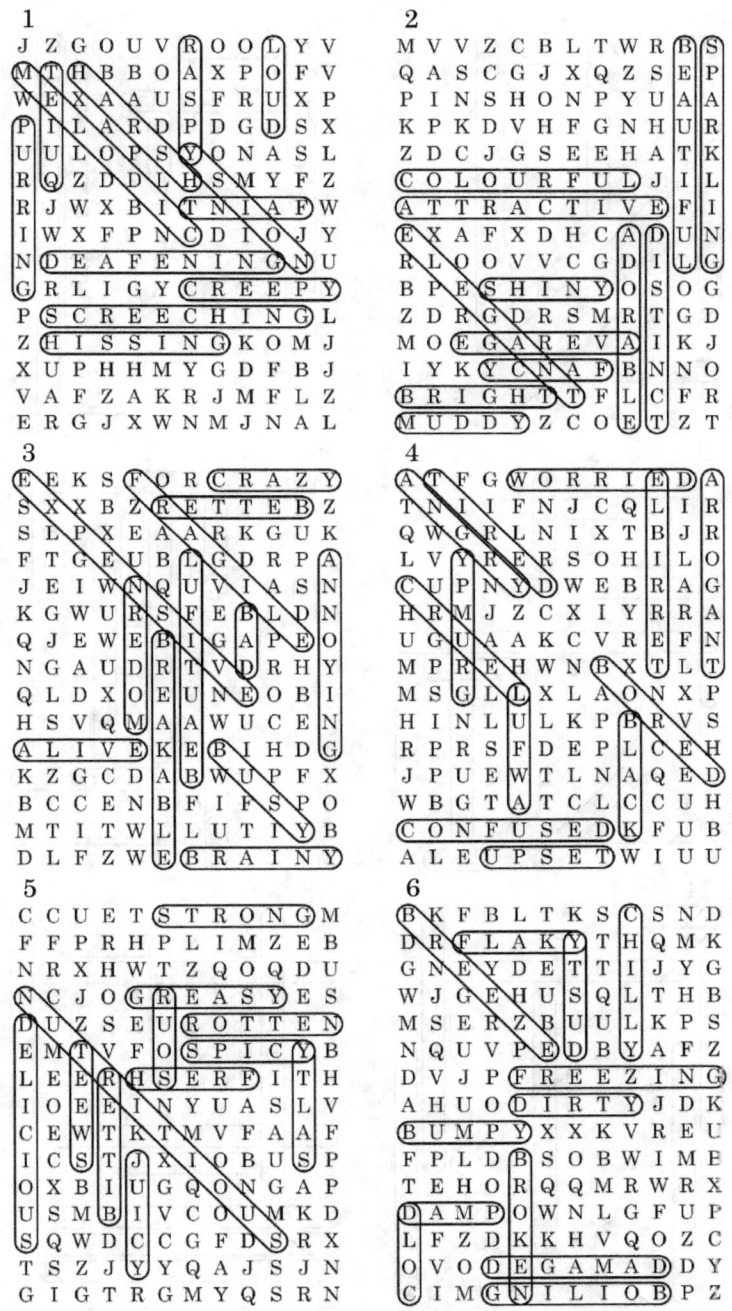

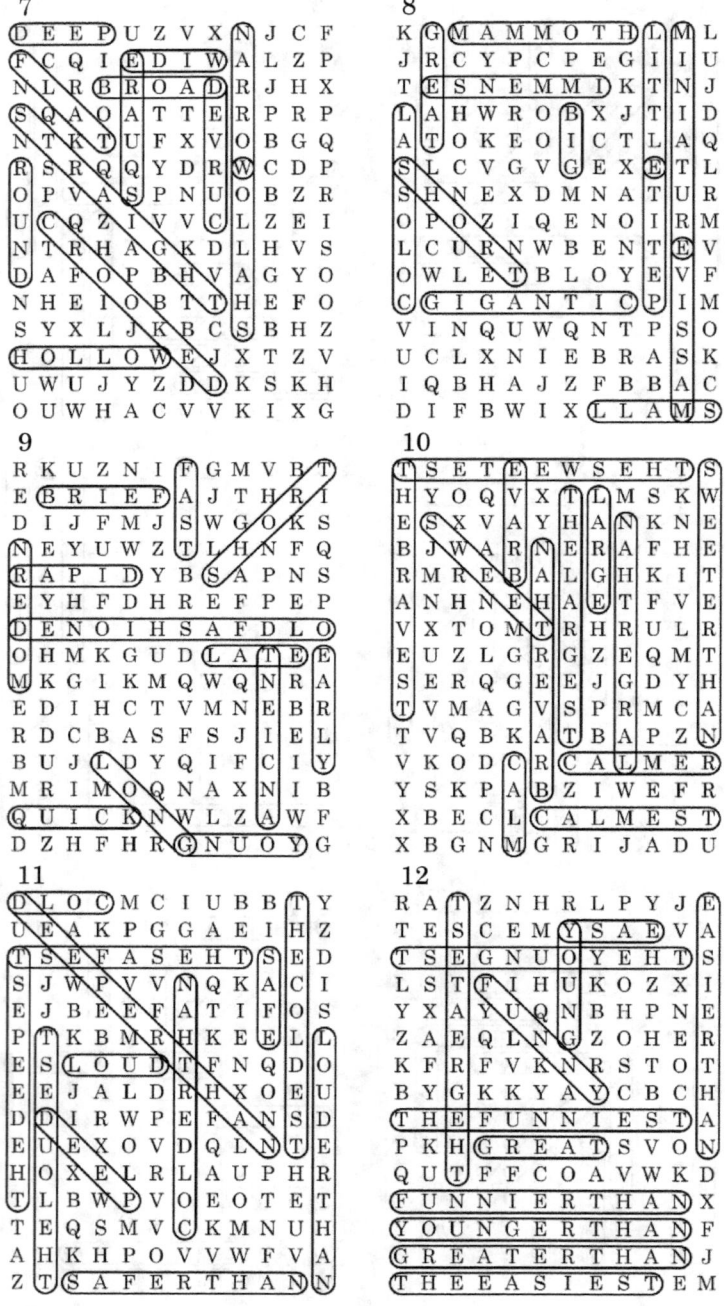

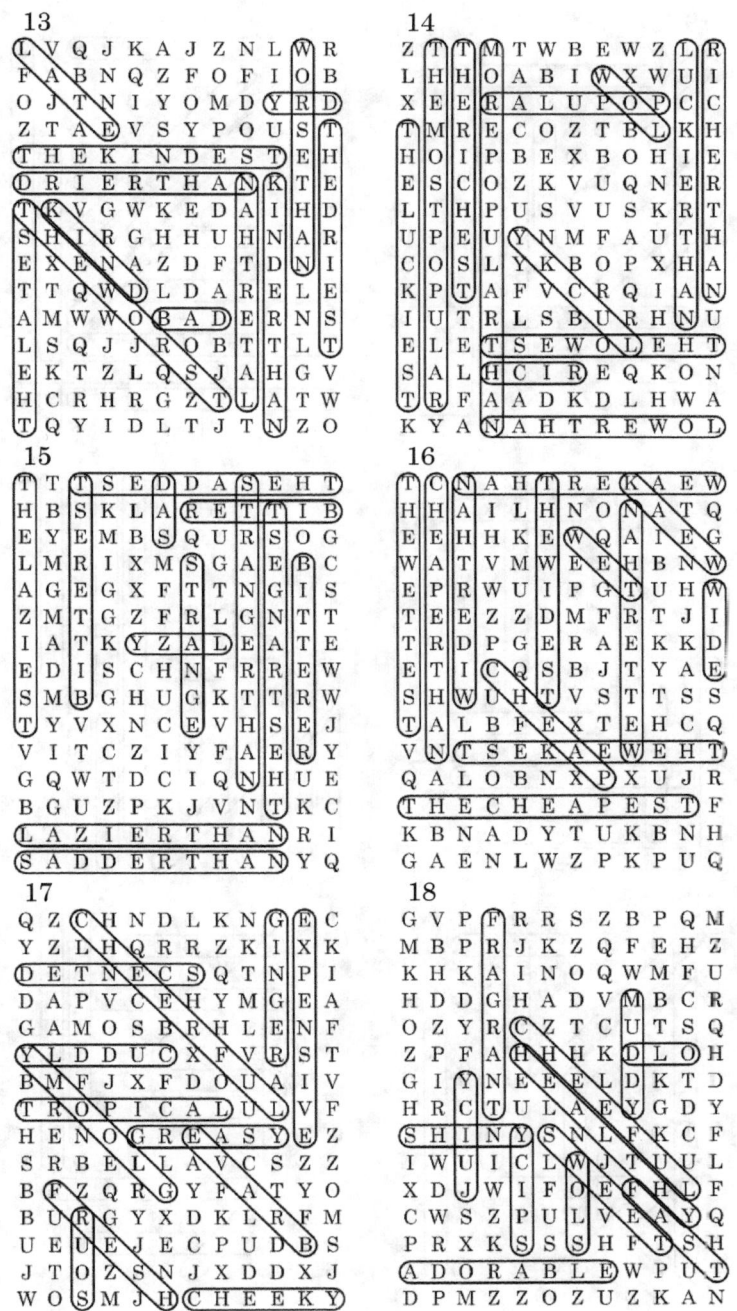

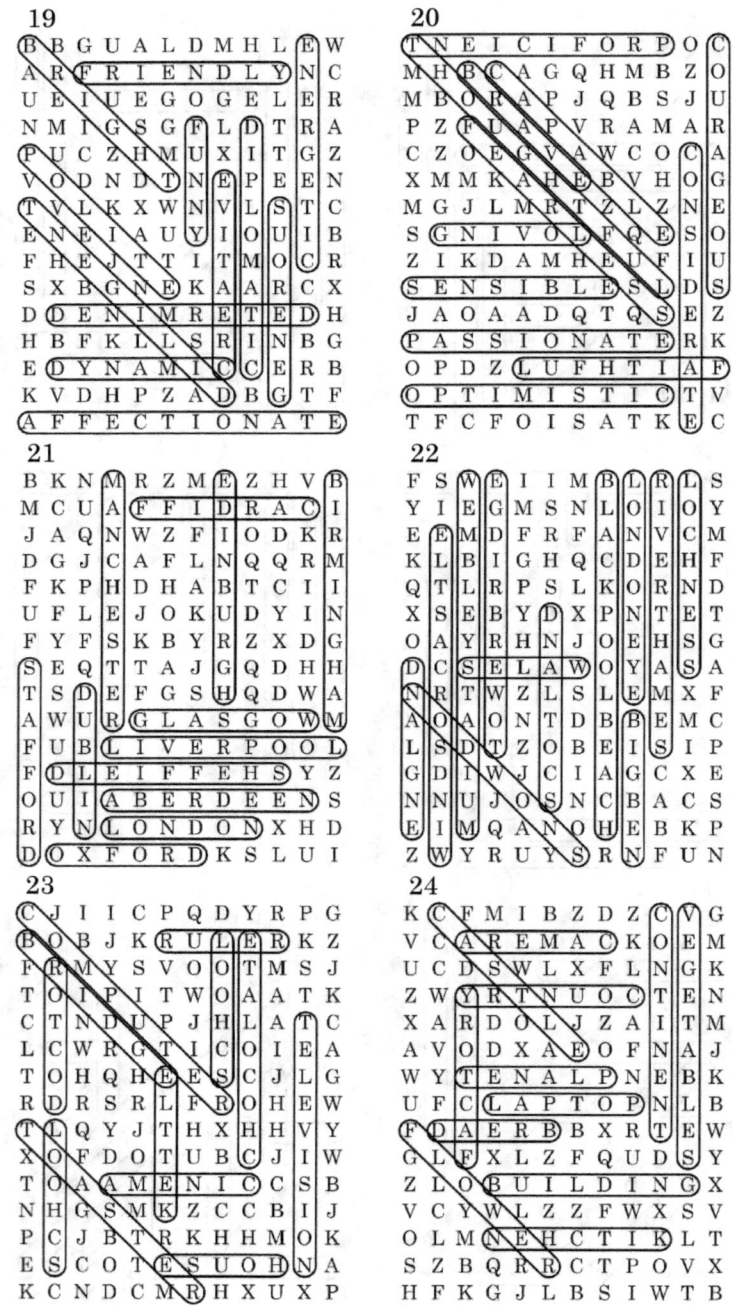

25

```
J E L I B O M J P Q L V
Q I X Y I H S M C I S E
C H O C O L A T E I G O
A C I K T K M I X X T R
G N U S M A S U N H P Y
M U E R F H C C A C L Z
E R M Z C P H S H A B
L C J U K L O I G Q Z E
C O C S N D C B Q J V L
D O N M E R C E D E S G
B G U D A P D D C B D I
X U H N O X P C F J N U
C O R E O T N Y V A C S M
C Z Q D Y R J Y V R B W
P H M G M G Y L F Q I J
```

26

```
H T P V O S P Z W U H O
N B L P G X M Y F Y P I
H P A O N H F B S Z Y J
B P N O A N O K L Y O
Z U E V T G S U R R I H
T A T X G Q V N E D X B
S M T A P A M S G R Z A
N E B Z Q Z V K N I R D
M Y T I S R E V I N U A
W U O P T A K G S O M X
K A T Y P E R R Y N O M
V Z U T Z Q J E T A N M
V Y L E U U Z D M C T R
S E P T E M B E R A H I
U O Z X Q Q A A X E C Y
```

27

```
R P O X Y G E N T B D L
R A C V W B Y O O R C H
D T P Y A O Z L M G M E
T I C L N X J F A P Q W
K O S T E A K E T I W V
D G L P N G O T O P F U
N I O W O I A W L N E B
Q Z A Y T I S R D O P P
N L G M S K B H D T L I
I M L Z O K A S Q E E F
D Q M V L N P F K K N O
D D W A Y C D U N D M P
O L C F R M E T A L P R
P A P E R P Y Q B Y J L
Y C H I C K E N A P V U
```

28

```
G C T L Z M U V H W O Z
N H Q I E Z C Y B S C R
H U J D O L L A R B E Z
X R E M M U S D A E A T
A C C M C H V H Z N L
V H J O B W I T O C I V
I T G V E V L R K H A Q
R T N A C M F I P H T P
L G T L R S I B L K N P
D D I O E D M V A K U O
E E U K C M E B S F O B
V X C W A L L N T O M R
V L S K N I W Z I Q B S
P Q I X W M D E C S Q Q
Z P B G Q P D Z Z E C U
```

29

```
F R I E N D S H I P X H
R K A H Y F E I L E B O
A H I X G N R H D R F W
P S Y N X D V E D Z A M
P A H T D F B Y E A W F
E H P T H N B Y J D I M
T A B W F M E B N N O K
I G H Y F H W S A E Z M
T J U S T I C E S R S E
E K H S C W Q W J T I E
A N F A I L U R E Y A E
Y I L A U G H T E R L O
Q V C D V L M X Y U E Z
G E N E R O S I T Y N V
P I G P B W N C Q K T T
```

30

```
X A G D P F J H C S N W
T E E A H L F O H L I M
P R N I I S O R I E M V
E O E S L A O R L E V S
G X R I O W I O D P G I
Q W A Z S A P R H Q X D
G T T C O R A T O S E E
S I I A P E T N V O H A
P E J O P H N I D V V D
E O N T Y E I E M K R O V
E P W W S S N E P M N Z
D U B Z L S C D R E A M
X C Z G S A E G K W H M
M K M C O N F U S I O N
H A P P I N E S S I F E
```

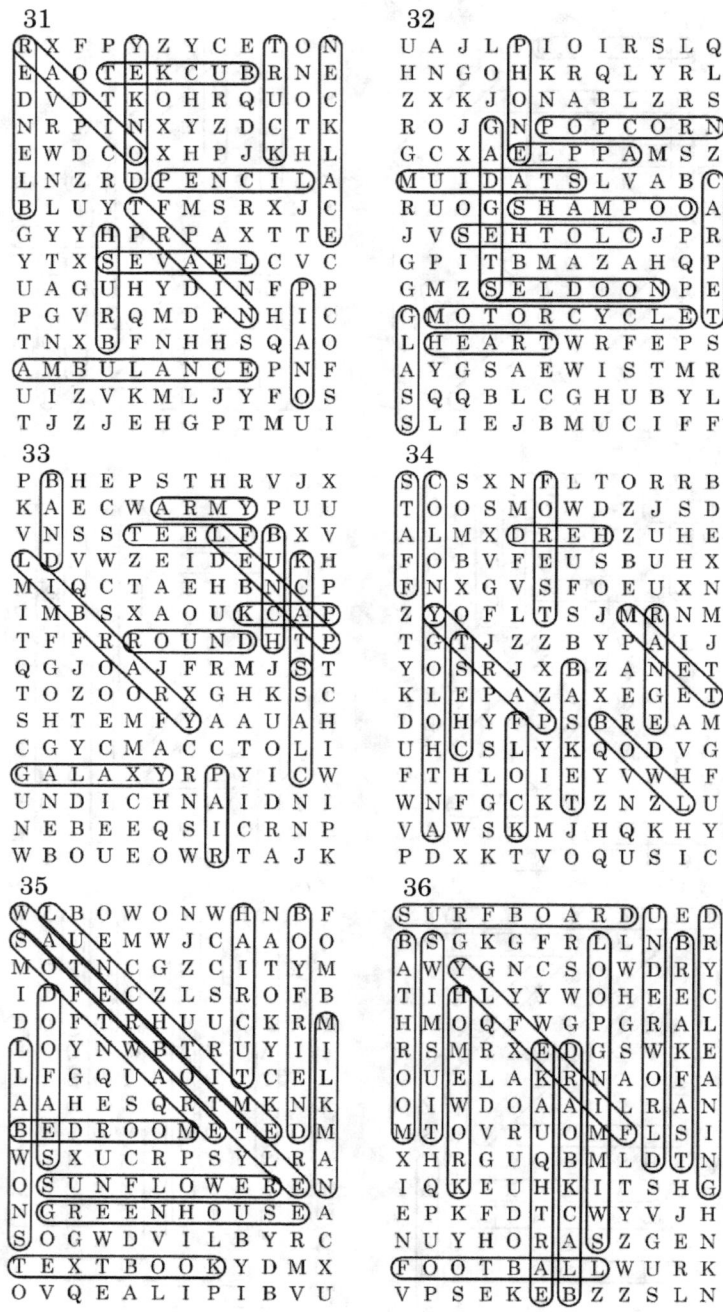

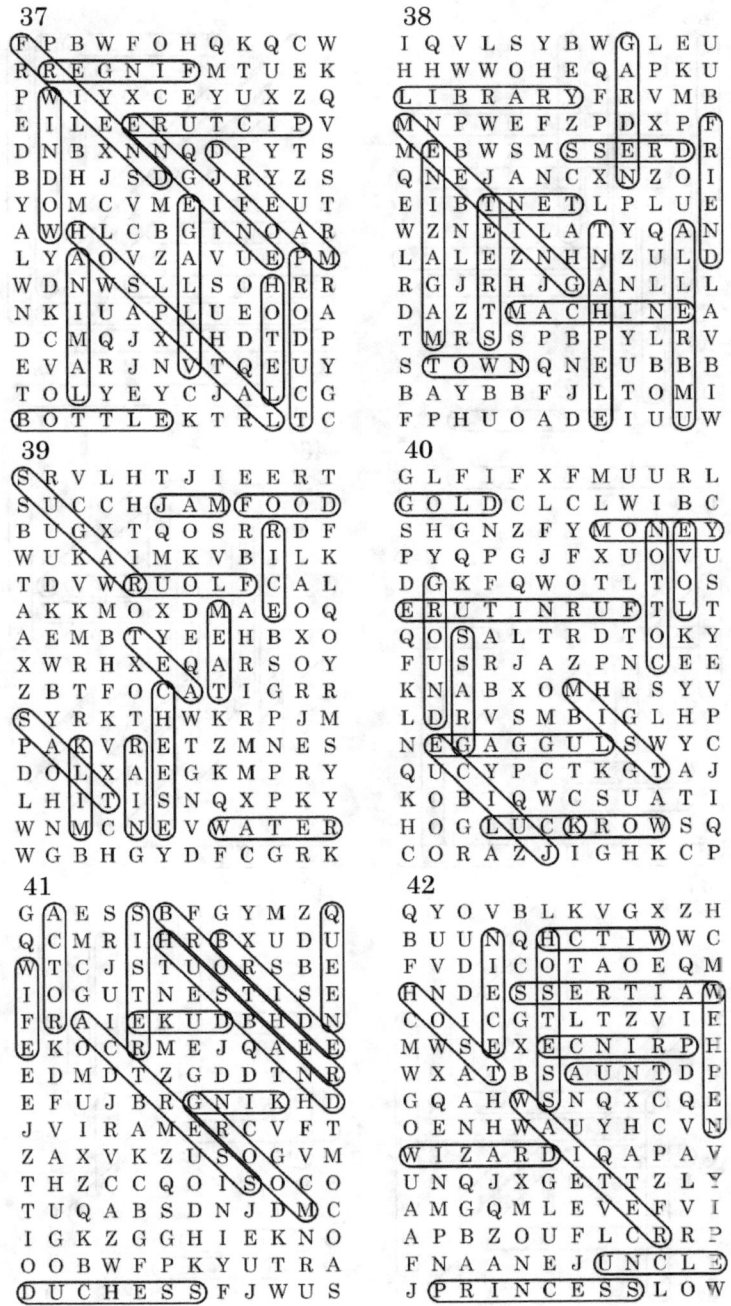

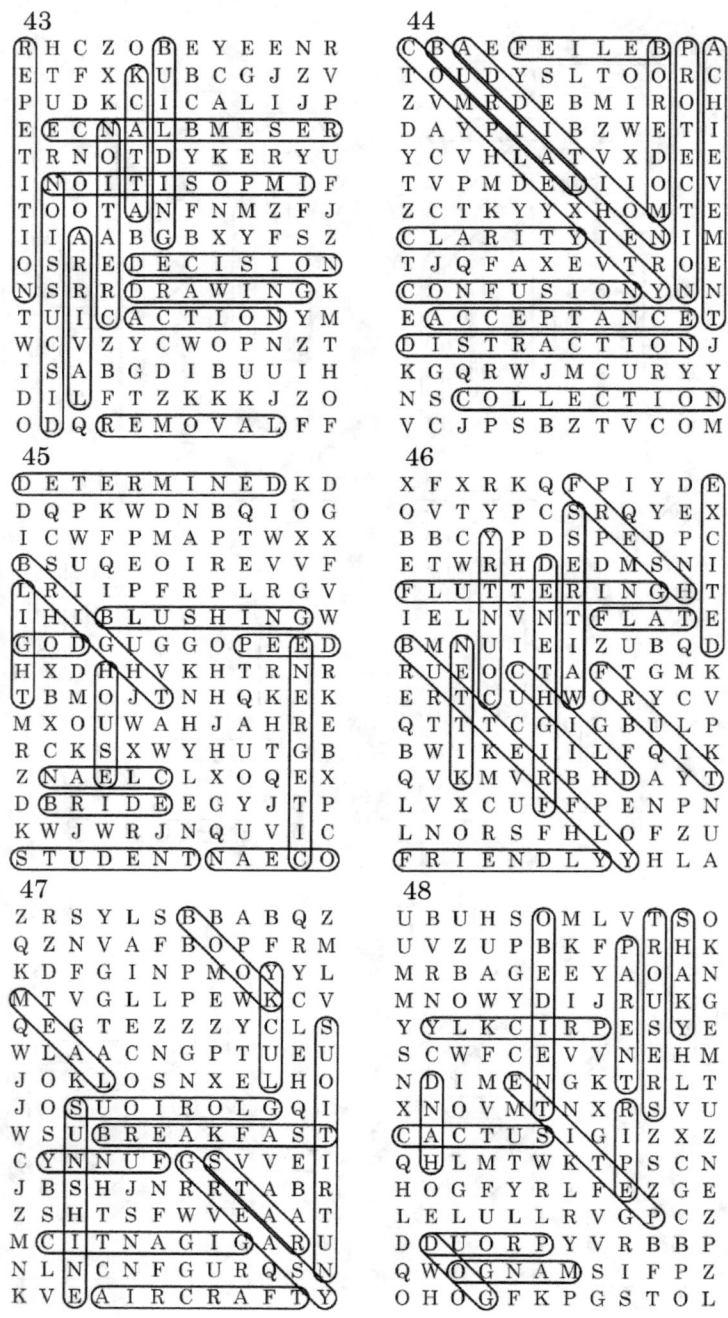

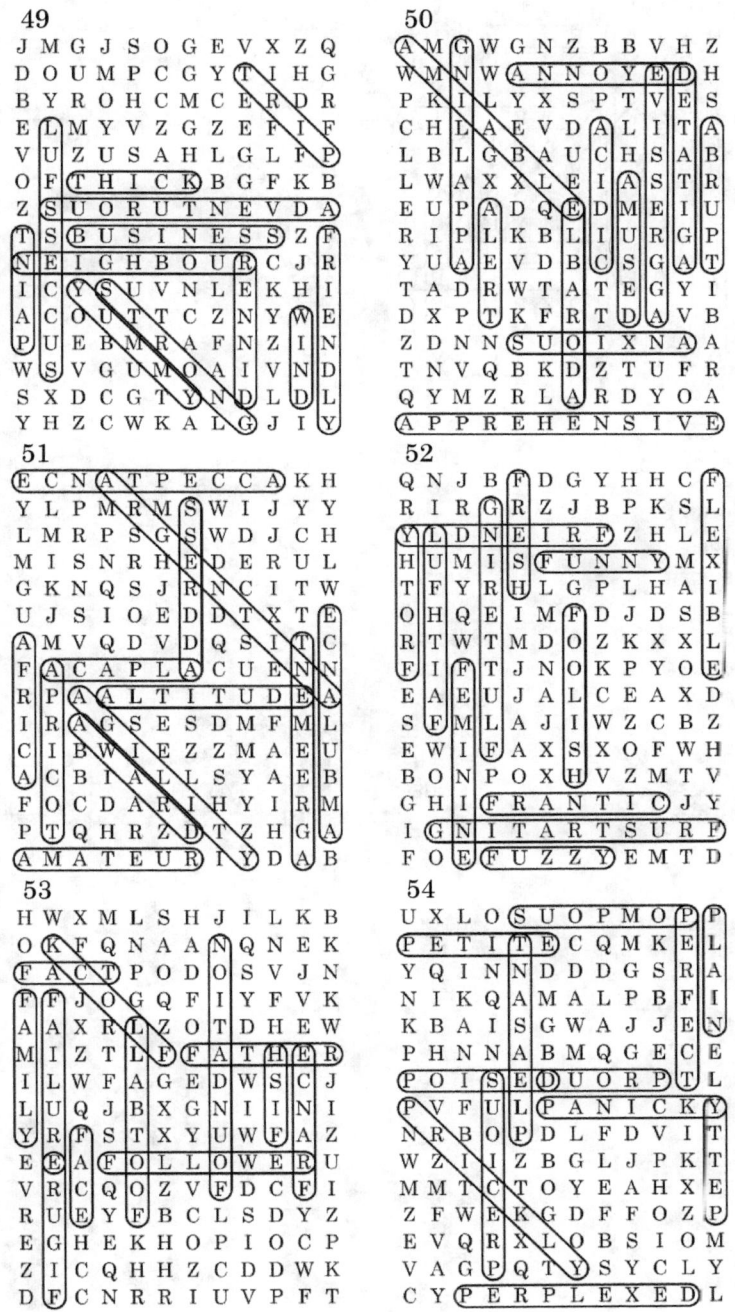

55

```
N K R F P E O L C V V O
U N Y L (L R A E P) S I S
S S G V (A Z Z I P) N K U
F Y I (T) Y G Z L H G V N
B V G K (E P Y R A M I D)
C O D D (R) K W P I S L E
H (P E T E R) C I Z L E P
S X G N L Y P O D V N V
K H N A R L J X P C O H
(P) Q D L (P Y J A M A S) D
(I) S R (P L A T F O R M)
(A) U L N N D Z R L V E C
(N) F V E O V M M L H P H
(O) M I U A Z U J F S V A
M Z F L Z (P A R I S) L B
```

56

LUXURY	TOASTER
PLANE	**BRAVERY**
DOCTOR	GARAGE
FACTORY	**SUCCESS**
HOSPITAL	SHAMPOO
AFFECTION	TUNNEL
DEDICATION	ABILITY
BOTTLE	TRUCK
TISSUE	**REALITY**
LOVE	FRIDGE
ELEPHANT	**FREEDOM**
WISDOM	ONION
DOOR	PLANT

57

BOAT	STOOL
EGGS	**FLOUR**
HONEY	WINDOW
APPLE	**SALT**
BUTTER	CHAPTER
VILLAGE	**CHEESE**
GRASS	CAPTAIN
WOMAN	BRIDGE
FURNITURE	ELECTION
COMPUTER	HANDLE
RICE	BANANA
GAME	FINGER
WATER	**MUSIC**

58

PHILOSOPHY	NECKLACE
REQUIREMENT	**CHILDHOOD**
PIANO	**ACTION**
REMOVAL	SCALE
SANDWICH	TABLE
BASKET	**BUILDING**
DECISION	CAR
SIGN	**PROTECTION**
PATTERN	WINDOW
ACHIEVEMENT	MAGAZINE
ACCEPTANCE	CANDLE
BOOK	**ATTRACTION**
COLLECTION	TREE

59

TEXTBOOK	SCHOOL
CHAIR	**GREENHOUSE**
SOFA	BAG
SUNFLOWER	PARK
SWING	**SWIMSUIT**
ARMCHAIR	JACUZZI
CHOCOLATE	COAT
CINEMA	**SOFTWARE**
BREAKFAST	PENCIL
CASE	CLOCK
MILKMAN	**SEAFOOD**
GRASS	RHINO
HOMEWORK	SCISSORS

60

mountain	Mount Everest / Snowdon	Mount Kilimanjaro / Mont Blanc
country	Italy / France	Norway / Belgium
singer	Jennifer Lopez / Ed Sheeran	Justin Bieber / Katy Perry
chocolate	Galaxy / Maltesers	Snickers / KitKat
beverage	Tetley / PG Tips	Starbucks / Nescafé
planet	Saturn / Jupiter	Uranus / Neptune
month	July / February	November / September
social media	Twitter / Facebook	TikTok / Instagram
athlete	Maria Sharapova / Cristiano Ronaldo	Serena Williams / Roger Federer
car	Mazda / Tesla	Vauxhall / Toyota
building	Westminster Abbey / Sydney Opera House	Colosseum / Taj Mahal

61

mobile	Nokia	Motorola
	Samsung	Sony
fruit	kiwi	pear
	pineapple	melon
city	Paris	Birmingham
	Berlin	Prague
river	Mississippi	Thames
	Nile	Amazon
brand	Nike	Adidas
	Puma	Reebok
drink	Pepsi	Coca-Cola
	Fanta	Sprite
animal	horse	camel
	elephant	lion
band	Snow Patrol	Girls Aloud
	Spice Girls	Take That
horoscope	Virgo	Scorpio
	Gemini	Libra
game	Minecraft	Spyro
	Super Mario	Roblox
toy	Barbie	Playmobil
	Power Ranger	Rubik's Cube

62

SAFE = DANGEROUS
TOP = BOTTOM
STRONG = WEAK
POOR = WEALTHY
DARK = LIGHT
SOFT = HARD
BITTER = SWEET
HAPPY = SAD
THIN = THICK
HEALTHY = SICK
EARLY = LATE
GOOD = BAD
BLACK = WHITE

63

JUICY	CHARMING
GENTLE	DIFFICULT
POWERFUL	SPICY
CREAMY	STRANGE
COLOURFUL	MISTY
FISHY	BITTER
SHORT	ENERGETIC
PICKLED	GUILTY
RAW	WINDY
COMPLETE	MINTY
RELAXING	MODERN
BUTTERY	STRONG
CHEESY	SHINY

64

GREEDY	JEALOUS
AMAZING	CHARMING
RUDE	CARELESS
SELFISH	REMARKABLE
FABULOUS	FUSSY
ARROGANT	AGGRESSIVE
INCREDIBLE	CRUEL
BOSSY	AWESOME
BRILLIANT	GRUMPY
IMMATURE	SPECTACULAR
DECEITFUL	IMPATIENT
AFFECTIONATE	LOVELY
MOODY	AGITATED

65

BRAVE	**BRAVER THAN**	THE BRAVEST
KIND	KINDER THAN	**THE KINDEST**
SWEET	SWEETER THAN	THE SWEETEST
BITTER	BITTERER	**BITTEREST**
BAD	WORSE THAN	THE WORST
DARK	DARKER THAN	THE DARKEST
SILLY	**SILLIER THAN**	THE SILLIEST
BLUE	BLUER	**BLUEST**
CHEAP	**CHEAPER THAN**	THE CHEAPEST
SOON	**SOONER THAN**	THE SOONEST
HOT	HOTTER THAN	**THE HOTTEST**
YOUNG	YOUNGER THAN	THE YOUNGEST
EASY	EASIER THAN	**THE EASIEST**
FUNNY	**FUNNIER THAN**	THE FUNNIEST
GREAT	GREATER THAN	THE GREATEST
HUNGRY	HUNGRIER THAN	**THE HUNGRIEST**
STRANGE	**STRANGER THAN**	THE STRANGEST
WEAK	WEAKER THAN	THE WEAKEST
WET	**WETTER THAN**	THE WETTEST
RICH	RICHER THAN	**THE RICHEST**
LOW	LOWER THAN	THE LOWEST

GREAT JOB!

We hope you had fun working through these puzzles and practising your Adjectives and Nouns.

Please visit our website www.wordsearchmaster.com to download a print ready Wordsearch Master® certificate.

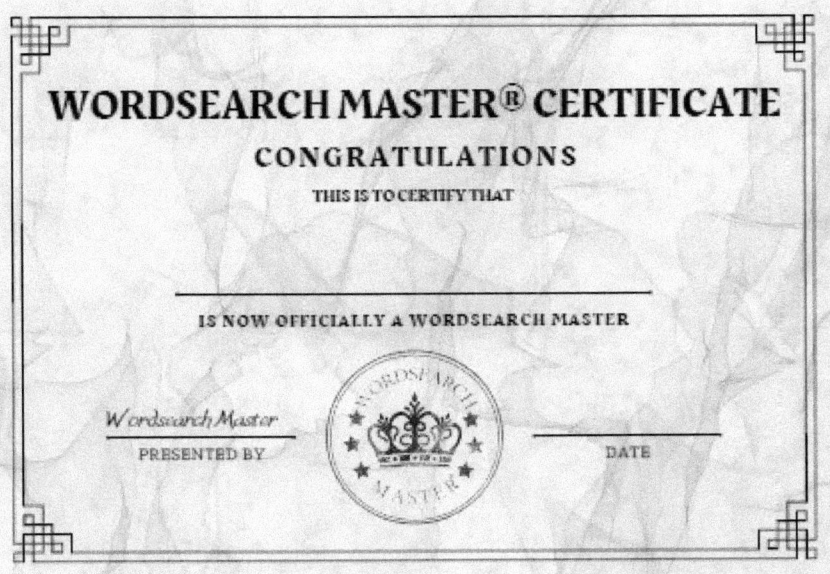

www.ingramcontent.com/pod-product-compliance
Lightning Source LLC
Chambersburg PA
CBHW072104110526
44590CB00018B/3307